目　次

1. be動詞（～です・～にいる の文）

「～です・～にいます」といういい方は「am, are, is(be動詞)」で表します。

「～でした・～にいました」と過去のことをいうときは「was, were(be動詞)」で表します。

be動詞を使った英文の作り方を肯定文・否定文・疑問文の3つに分けて学習しましょう。

《肯定文》　私、あなた、彼、彼女は生徒です（でした）。

| I, You, He, She | + | am, are, is (was, were) | + | a student | . |

《否定文》　私、あなた、彼、彼女は日本にいません（いませんでした）。

| I, You, He, She | + | am, are, is(was, were) | + | not | + | in Japan | . |

《疑問文》　あなた、彼、彼女は幸せですか（幸せでしたか）。

| Are, Is, (Were, Was) | + | you, he, she | + | happy | ? |

<be動詞の選び方>

主語（…は）	現在の文	過去の文
I	am	was
you, we, they 2人、2つ以上	are	were
その他（he, she, it, Mike, Keiko など）	is	was

	1回目	2回目	3回目
	/15問	/15問	/15問

1 ( ) 内から適する語を選びなさい。

（1）I (am, is, are) a teacher.

（2）Tom and I (am, is, are) not brothers.

（3）(Am, Is, Are) she your mother ?

（4）(Am, Is, Are) they your friends ?

（5）(Are, Was, Were) they in Tokyo last year ?

（6）Mr. Sato (am, is, are) always very kind.

（7）(Is, Was, Were) it cold in Sapporo last week ?

（8）Those books (am not, is not, are not) mine.

（9）Was your father tired then ?   Yes, he (was, were).

（10）Are you from Japan ?   No, I (am, is, are) not.

(1)
(2)
(3)
(4)
(5)
(6)
(7)
(8)
(9)
(10)

2 ( ) 内の語を並べかえて、英文を完成させなさい。

（1）彼は私たちの英語の先生です。   (is, our, he, teacher, English).

（　　　　　　　　　　　　　　　　　　　　　　　）

（2）あの少年はトムですか。   (Tom, boy, is, that)?

（　　　　　　　　　　　　　　　　　　　　　　　）

（3）その自転車は私のものではありませんでした。   (the bike, mine, was, not).

（　　　　　　　　　　　　　　　　　　　　　　　）

（4）彼女とあなたは去年忙しかったですか。   (you, she, last year, busy, were, and)?

（　　　　　　　　　　　　　　　　　　　　　　　）

（5）あれはあなたのノートですか。   (notebook, is, your, that)?

（　　　　　　　　　　　　　　　　　　　　　　　）

2. 一般動詞 (like, play, have…などの文)

　ここでは、**一般動詞**の文の作り方を勉強しましょう。一般動詞とは、like, play, have, come, go, live など、be 動詞以外の動詞のことです。

《肯定文》

現在　　$\boxed{\text{I}}$ ＋ $\boxed{\text{play}}$ ＋ $\boxed{\text{soccer}}$ ．　　　（私はサッカーをします。）

　　　　$\boxed{\text{He}}$ ＋ $\boxed{\text{plays}}$ ＋ $\boxed{\text{soccer}}$ ．　　　（彼はサッカーをします。）

過去　　$\boxed{\text{I}}$ ＋ $\boxed{\text{played}}$ ＋ $\boxed{\text{soccer}}$ ．　　（私はサッカーをしました。）

　　　　　　　　　　※　現在の文で、主語が He, She, It, Mike などのときは、likes, has, goes となる。

《否定文》

現在　　$\boxed{\text{I}}$ ＋ $\boxed{\text{don't}}$ ＋ $\boxed{\text{play}}$ ＋ $\boxed{\text{soccer}}$ ．　　（私はサッカーをしません。）

　　　　$\boxed{\text{He}}$ ＋ $\boxed{\text{doesn't}}$ ＋ $\boxed{\text{play}}$ ＋ $\boxed{\text{soccer}}$ ．　（彼はサッカーをしません。）

過去　　$\boxed{\text{I}}$ ＋ $\boxed{\text{didn't}}$ ＋ $\boxed{\text{play}}$ ＋ $\boxed{\text{soccer}}$ ．　（私はサッカーをしませんでした。）

《疑問文》　　　　※　疑問文・否定文では、主語が何であっても like, have, go など原形を使う。

現在　　$\boxed{\text{Do}}$ ＋ $\boxed{\text{you}}$ ＋ $\boxed{\text{play}}$ ＋ $\boxed{\text{soccer}}$ ？　　（あなたはサッカーをしますか。）

　　　　$\boxed{\text{Does}}$ ＋ $\boxed{\text{he}}$ ＋ $\boxed{\text{play}}$ ＋ $\boxed{\text{soccer}}$ ？　　（彼はサッカーをしますか。）

過去　　$\boxed{\text{Did}}$ ＋ $\boxed{\text{you}}$ ＋ $\boxed{\text{play}}$ ＋ $\boxed{\text{soccer}}$ ？　　（あなたはサッカーをしましたか。）

<don't, doesn't, didn't, Do, Does, Did の選び方>

主語（～は）	現在		過去	
	疑問文	否定文	疑問文	否定文
I, you, 複数（we, they, she and I など）	Do	don't	Did	didn't
he, she, it, Mike, Emi…	Does	doesn't	Did	didn't

4

	1回目	2回目	3回目
	/15問	/15問	/15問

1 （ ）内から適する語を選びなさい。

（1）I (play, plays) tennis every day.

（2）She (have, has) five notebooks.

（3）He (have, has, had) two cats last year.

（4）Ms. Smith often (write, writes) to her friends.

（5）They (don't, doesn't) play soccer.

（6）Haruko (do, does) not speak English.

（7）He didn't (read, reads) that letter.

（8）Does Mike (study, studies, studied) every day ?

（9）(Do, Does) Mr. Tanaka teach math ?

（10）Did you travel this summer ?   No, I (don't, didn't).

(1)	
(2)	
(3)	
(4)	
(5)	
(6)	
(7)	
(8)	
(9)	
(10)	

2 （ ）内の語を並べかえて、英文を完成させなさい。

（1）ジェーンはホワイトさんを知っています。　(Mr. White, Jane, knows).

　　（　　　　　　　　　　　　　　　　　　　　　　）

（2）あなたは毎日英語を勉強しますか。　(you, English, do, study, every day)?

　　（　　　　　　　　　　　　　　　　　　　　　　）

（3）彼は日本語を話しません。　(speak, Japanese, doesn't, he).

　　（　　　　　　　　　　　　　　　　　　　　　　）

（4）トムとジェーンは図書館へ行きませんでした。　(to, go, Tom and Jane, didn't, the library).

　　（　　　　　　　　　　　　　　　　　　　　　　）

（5）あなたたちは昨日、野球をしましたか。　(you, play, yesterday, did, baseball)?

　　（　　　　　　　　　　　　　　　　　　　　　　）

3. 疑問詞を用いた文 (what, who, when…)

ここでは、what, who, when, where などの疑問詞を使った疑問文の作り方を勉強しましょう。

次の2つのパターンに分かれます。

《be 動詞 (am, are, is, was, were) がある文》

| What, When | + | be 動詞 | + | 主語 (…は) | + | ～ | ?

※ 2ページで学習した《疑問文》の頭に What などの疑問詞をつけるだけ。

(例) Who is he ?　　　　　(彼はだれですか。)

　　　Whose pen is this ?　 (このペンはだれのものですか。)

《一般動詞 (like, have, play, study, read など) の文》

| What, When | + | do, does, did | + | 主語(…は) | + | 動詞(like など) | + | ～ | ?

※ 4ページで学習した《疑問文》の頭に What などの疑問詞をつけるだけ。

(例) When did you make it ?　 (あなたはいつそれを作りましたか。)

<いろいろな疑問詞>

what	何	whose	だれの(もの)	how many	どれくらい, いくつの
when	いつ	why	なぜ	how old	何歳
where	どこに[で,へ]	what time	何時に	how long	どのくらいの長さ
which	どちら	how	どのようにして	how often	どのくらいの頻度で
who	だれ	how much	いくら		

	1回目	2回目	3回目
	/15問	/15問	/15問

1 ( ) 内から適する語を選びなさい。

（1）(Who, Whose) is this girl ?　　She is Aya.

（2）(Where, What) does Emi study every day ?　　She studies English.

（3）(Where, When) is my eraser ?　　It's under that desk.

（4）(Who, Whose) ball is that ?　　It's mine.

（5）(When, Where) do you read books ?　　I read books after school.

（6）(Where, Which) bus goes to Midori Station ?　　Take bus No.2.

（7）(When, How) long does it take to get to the library ?

（8）(What, When) time is it now ?　　It's twelve.

（9）(What, How) many books do you have ?　　I have five books.

（10）We play soccer.　(Which, How) about you ?

(1)	
(2)	
(3)	
(4)	
(5)	
(6)	
(7)	
(8)	
(9)	
(10)	

2 ( ) 内の語を並べかえて、英文を完成させなさい。

（1）あなたの名前は何ですか。　　(is, name, what, your)?

　　(　　　　　　　　　　　　　　　　　　　　　)

（2）あなたはいつその本を読みましたか。　　(you, when, the book, did, read)?

　　(　　　　　　　　　　　　　　　　　　　　　)

（3）あなたはご飯とトーストのどちらが好きですか。　　(you, which, like, do), rice or toast ?

　　(　　　　　　　　　　　　　　　　　　　　　)

（4）あなたのお父さんは何歳ですか。　　(is, father, how old, your)?

　　(　　　　　　　　　　　　　　　　　　　　　)

（5）あなたには兄弟が何人いますか。　　(do, brothers, have, how many, you)?

　　(　　　　　　　　　　　　　　　　　　　　　)

4. 代名詞 (I, my, me, mine など)

代名詞は、次の表を覚えましょう。

	～は, が	～の	～を, に	～のもの	～たちは ～たちが	～たちの	～たちを ～たちに	～たちの もの
私	I	my	me	mine	we	our	us	ours
あなた	you	your	you	yours	you	your	you	yours
彼	he	his	him	his				
彼女	she	her	her	hers	they	their	them	theirs
それ	it	its	it					
※	Mark	Mark's	Mark	Mark's	sisters	sisters'	sisters	sisters'

※人の名前や sister, brother, father, mother など

この列の単語の後には名詞をくっつける。(例) my book, his bag, their school

この列の単語は前置詞とくっつくことがある。(例) with me, to him, for them

この列の単語の後には単語はくっつかない。

8

1 （ ）内から適する語を選びなさい。

（1）Bob is (she, her, hers) brother.

（2）Is this your camera ?　Yes, it is (I, my, mine).

（3）Do (they, their, them, theirs) speak English ?

（4）How old is (he, his, him) ?

（5）What's (you, your, yours) name ?

（6）I like (she, her, hers) very much.

（7）We play tennis with (he, his, him).

（8）Please come to (we, our, us, ours) house.

（9）I don't like (it, its).

（10）This is (Jane, Jane's) notebook.

(1)	
(2)	
(3)	
(4)	
(5)	
(6)	
(7)	
(8)	
(9)	
(10)	

2 （ ）に適切な語を入れなさい。

（1）私の友達はテニス選手です。　　　（　　）friend is a tennis player.

（2）彼女はあなたたちを知っていますか。　Does she know (　　) ?

（3）私といっしょに来なさい。　　　　Come with (　　).

（4）それらは私たちのものです。　　　They are (　　).

（5）それは私たちについての物語です。　It is a story about (　　).

(1)	
(2)	
(3)	
(4)	
(5)	

9

5. 進行形

　ここでは、今行われている動作、または、過去のあるときに行われていた動作の文、つまり、進行形について勉強しましょう。「今〜しています。」という文を現在進行形といいます。「(あの時、その時)〜していました。」という文を過去進行形といいます。現在進行形と過去進行形の肯定文・否定文・疑問文の作り方を覚えましょう。

《進行形の文》

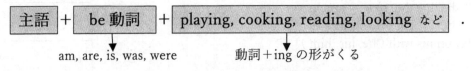

主語 ＋ be 動詞 ＋ playing, cooking, reading, looking など ．
　　　　　　↓　　　　　　　　　　　　　　↓
　　　am, are, is, was, were　　　動詞＋ing の形がくる

　　　（例）He is reading a book now.　（彼は今、本を読んでいます。）

《進行形の否定文》

主語 ＋ be 動詞 ＋ not ＋ playing, cooking, reading, looking など ．

　　　（例）He is not playing the piano now.　（彼は今、ピアノをひいていません。）

《進行形の疑問文》

be 動詞 ＋ 主語 ＋ playing, cooking, reading, looking など　？

　　　（例）Is she cooking in the kitchen now?　（彼女は今、台所で料理をしていますか。）

　　　　　　　< 進行形にできない単語（動詞）>

　　　　　know, like, love, want, see, hear など

　　　　※　have「…を食べる」の意味のときは進行形(having)にできる。

　　　　　　　　「…を持っている」の意味のときは進行形にできない。

1 （　）内の単語を加えて、進行形に書きかえなさい。

（1）I wash my face.　　　　　　（now）

（2）My mother cooks.　　　　　　（now）

（3）They played tennis.　　　　　（then）

（4）Do they work hard ?　　　　　（now）

（5）Did your brother drive a car ?　（then）

（6）We don't study English.　　　（now）

（7）She doesn't run with her dog.　（now）

（8）Mike didn't have lunch.　　　　（then）

（1）
（2）
（3）
（4）
（5）
（6）
（7）
（8）

2 （　）内の語を並べかえて、英文を完成させなさい。

（1）彼女は今、本を読んでいます。　　（ now, a book, reading, she, is ）．

（　　　　　　　　　　　　　　　　　）

（2）彼は今、ギターをひいていません。　　（ the guitar, he, now, playing, is, not ）．

（　　　　　　　　　　　　　　　　　）

（3）あなたは今、ケーキを作っていますか。　　（ now, you, a cake, making, are ）？

（　　　　　　　　　　　　　　　　　）

（4）彼らはそのとき野球をしていました。　　（ then, they, baseball, were, playing ）．

（　　　　　　　　　　　　　　　　　）

（5）私は田中先生を待っていませんでした。　　（ I, Mr. Tanaka, waiting, for, wasn't ）．

（　　　　　　　　　　　　　　　　　）

（6）あなたはそのとき何をしていましたか。　　（ then, doing, you, what, were ）？

（　　　　　　　　　　　　　　　　　）

11

6. 命令文

「～しなさい」と相手に言う文を**命令文**といいます。「～しなさい」と言うのは、

ふつう you に対してなので、主語の you は省略します。

《「～しなさい」の文》

$\boxed{\text{動詞の原形}}$ ～ ．

（例）Read this book.　　　（この本を読みなさい。）

Be kind to everyone.　（みんなに親切にしなさい。）

《「どうぞ～してください」の文》

$\boxed{\text{Please}}$ ＋ $\boxed{\text{動詞の原形}}$ ～ ．

（例）Please read this book.　　（どうぞこの本を読んでください。）

Please be kind to everyone.　（みんなに親切にしてください。）

《「～してはいけない、～するな」の文》

$\boxed{\text{Don't}}$ ＋ $\boxed{\text{動詞の原形}}$ ～ ．

（例）Don't read this book.　　（この本を読んではいけない。）

Don't be kind to everyone.　（みんなに親切にしてはいけない。）

《「～しましょう」の文》

$\boxed{\text{Let's}}$ ＋ $\boxed{\text{動詞の原形}}$ ～ ．

（例）Let's read this book.　　（この本を読みましょう。）

Let's be kind to everyone.　（みんなに親切にしましょう。）

(Point！)　　動詞の原形とは、動詞に s, ing, ed など何もつけない語のこと。

ちなみに、be 動詞の原形は、be。　（Be quiet. ＝静かにしなさい。）

1 （ ）内に適切な語を入れなさい。

（1）あなたの名前を書きなさい。　　　（　　　）your name.

（2）この写真を見なさい。　　　　　　（　　　）at this picture.

（3）お年寄りには親切にしなさい。　　（　　　）kind to old people.

（4）どうぞ座ってください。　　　　　（　　　）sit down.

（5）今、テレビを見てはいけません。　（　　　）watch TV now.

（6）ここで昼食を食べましょう。　　　（　　　）eat lunch here.

(1)
(2)
(3)
(4)
(5)
(6)

2 （ ）内の語を並べかえて、英文を完成させなさい。

（1）窓を開けなさい。　　（ the, open, window ）.

（　　　　　　　　　　　　　　　　　　）

（2）図書館では静かにしなさい。　　（ in, be, the library, quiet ）.

（　　　　　　　　　　　　　　　　　　）

（3）どうぞ私を手伝って下さい。　　（ me, help, please ）.

（　　　　　　　　　　　　　　　　　　）

（4）ここでサッカーをしてはいけません。　　（ soccer, here, don't, play ）.

（　　　　　　　　　　　　　　　　　　）

（5）夜、外出してはいけません。　　（ go, night, at, don't, out ）.

（　　　　　　　　　　　　　　　　　　）

（6）音楽を聞きましょう。　　（ music, let's, to, listen ）.

（　　　　　　　　　　　　　　　　　　）

（7）毎日英語を勉強しましょう。　　（ study, let's, every, day, English ）.

（　　　　　　　　　　　　　　　　　　）

can, will, may, must, shall などを助動詞といいます。これらの助動詞を用いる場合は、

動詞の原形（動詞に ed, s, ing などがついていない形のこと）の前に置きます。

《肯定文》

主語 ＋ 助動詞 ＋ 動詞の原形 ．

（例）She **can** play the piano.　　（彼女はピアノをひくことができます。）

《否定文》

主語 ＋ 助動詞 ＋ not ＋ 動詞の原形 ．

（例）You **must** not run in this room.　　（この部屋で走ってはいけません。）

《疑問文》

助動詞 ＋ 主語 ＋ 動詞の原形 ？

（例）**Shall** I open the window？　　（窓を開けましょうか。）

意味をおぼえよう。

can	～できる	should	～すべきだ
will, be going to	～だろう，～するつもりだ	May(Can) I ～ ？	～してもよいですか
must, have to	～しなければならない	Shall I(we) ～ ？	～しましょうか
must not	～してはいけない	Will(Can) you ～ ？	～してくれませんか
don't have to	～しなくてよい	Would(Could) you～ ？	～してくださいませんか
may	～かもしれない ～してもよい	Would you like ～ ？	～はいかがですか

1 （ ）内の語を書き加えて全文を書き直し、日本語訳も書きなさい。

（1）I speak English. （can）

（1）

（2）She comes to this shop. （will）

（2）

（3）I am busy. （will）

（3）

（4）We do our homework today. （must）

（4）

（5）He goes to school. （have to）

（5）

（6）I visit Hokkaido. （be going to）

（6）

2 （ ）内の語を並べかえて、英文を完成させなさい。

（1）窓を閉めてもいいですか。 （the window, I, may, close）?

（　　　　　　　　　　　　　　　　　　　　　　）

（2）この部屋で走ってはいけません。 （must, you, run, in, this room, not）.

（　　　　　　　　　　　　　　　　　　　　　　）

（3）動物園への行き方を教えていただけますか。（get, the zoo, to, me, tell, to, how, you, could）?

（　　　　　　　　　　　　　　　　　　　　　　）

（4）ドアを開けましょうか。 （I, the door, shall, open）?

（　　　　　　　　　　　　　　　　　　　　　　）

（5）あなたは英語を話さなくてもよいです。 （you, English, speak, have, don't, to）.

（　　　　　　　　　　　　　　　　　　　　　　）

15

ここでは、接続詞を勉強しましょう。接続詞は、2つの単語をつないだり、文と文をつないだりするはたらきがあります。

接続詞	意味	例
and	①…と〜、そして ②そうすれば 　（命令文のあとで） ③ますます （同じ語を and で結んで）	①John **and** Mary　（ジョンとメアリー） ②Finish your homework, **and** you can watch TV. （宿題を終わらせなさい、そうすればテレビを見ることができます。） ③warmer **and** warmer　（ますます暖かく）
or	①…かまたは〜 ②そうしなければ 　（主に命令文のあとで）	①green **or** red　（緑または赤） ②Eat breakfast, **or** you'll be hungry. （朝食を食べなさい、そうしなければお腹が空きます。）
but	しかし	He is poor, **but** he is happy.　（彼は貧しいが幸せです。）
so	だから、 それで、 では	She was busy, **so** she couldn't come. （彼女は忙しかったので、来ることができませんでした。）
if	もし…ならば	**If** it's rainy tomorrow, I'll stay home. （もし明日雨なら、家にいるつもりです。）
because	…だから …なので	I like her **because** she is kind. （私は彼女が親切なので好きです。）
when	（…する）ときに	**When** he came, I was reading a book. （彼が来たとき、私は本を読んでいました。）
that	（…する）ということ	I think **that** he is kind. ／ I think he is kind. （私は、彼は親切だと思います。）　※接続詞の that は省略されることも多い。

1 下線部に接続詞を入れなさい。

（1）_____ it's sunny tomorrow, I will play tennis.
（もし明日晴れたら、テニスをするつもりです。）

（2）I was late for school _____ I got up late.
（私は遅く起きたので、学校へ遅れました。）

（3）_____ I came home, my mother was cooking.
（私が帰ってきたとき、母は料理をしていました。）

（4）It was rainy, _____ I stayed home. （雨だったので、家にいました。）

（5）I like soccer _____ baseball. （私はサッカーと野球が好きです。）

（6）He is rich, _____ he is not happy.
（彼は金持ちだが、幸せではありません。）

（7）Which do you like better, baseball _____ basketball ?
（あなたは野球とバスケットボールのどちらが好きですか。）

（8）I think _____ this question is difficult. （私は、この問題は難しいと思います。）

（9）It's getting warmer _____ warmer. （だんだん暖かくなってきました。）

(1)	
(2)	
(3)	
(4)	
(5)	
(6)	
(7)	
(8)	
(9)	

2 （ ）内の語を並べかえて、英文を完成させなさい。

（1）あなたが忙しい時は私が手伝います。　（ busy, when, I'll, you, you, help, are ）.

（　　　　　　　　　　　　　　　　　　　　　　）

（2）もしあなたが科学者になりたいのなら、一生懸命勉強しなさい。
（ if, a scientist, you, hard, study, be, want, to ）.

（　　　　　　　　　　　　　　　　　　　　　　）

「彼は彼女より若い」「この本は5冊の中で1番おもしろい」など、比較をする文を練習しましょう。

《「A は B と同じくらい〜」の文》

A + is, am… + as + 〜 + as + B .

（例）She is as tall as her mother.　（彼女は彼女のお母さんと同じくらい背が高いです。）

He runs as fast as his brother.　（彼は彼の兄さん(弟)と同じくらい速く走ります。）

《「A は B より〜」の文》

A + is, am… + 〜er + than + B .

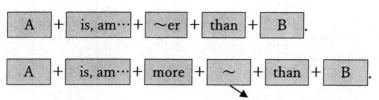

A + is, am… + more + 〜 + than + B .

interesting, difficult, beautiful, famous など

（例）You are younger than my father.　（あなたは私の父より若いです。）

This book is more interesting than that one.　（この本はあの本よりおもしろいです。）

Tom swims faster than Ken.　（トムはケンより速く泳ぎます。）

《「A は B の中でいちばん〜」の文》

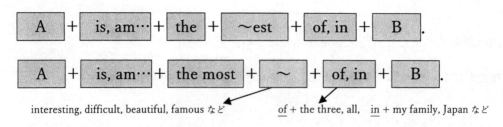

A + is, am… + the + 〜est + of, in + B .

A + is, am… + the most + 〜 + of, in + B .

interesting, difficult, beautiful, famous など　　　of + the three, all,　in + my family, Japan など

（例）Mt. Fuji is the highest mountain in Japan.　（富士山は日本でいちばん高い山です。）

This question is the most difficult of all.　（この質問は全ての中でいちばん難しいです。）

Tom swims the fastest in our class.　（トムは私たちのクラスでいちばん速く泳ぎます。）

	1回目	2回目	3回目
	/15問	/15問	/15問

1 下線部にあとの（ ）内の語を適切な形に直して入れなさい。

（1）This story is _____ than that one.　　　(short)

（2）Australia is _____ than Japan.　　　(large)

（3）I am as _____ as Tom.　　　(young)

（4）Which is _____, the Shinano or the Kiso ?　　　(long)

（5）This book is _____ than that one.　　　(interesting)

（6）This question is the _____ of the six.　　　(easy)

（7）This flower is the _____ of all.　　　(beautiful)

（8）His camera is the _____ of all.　　　(good)

（9）She sings the _____ in this class.　　　(well)

（10）I got up _____ than my sister.　　　(early)

(1)
(2)
(3)
(4)
(5)
(6)
(7)
(8)
(9)
(10)

2 （ ）内の語を並べかえて、英文を完成させなさい。

（1）7月は10月より暑いです。　（ than, July, hotter, is, October ）.

（　　　　　　　　　　　　　　　　　　　）

（2）このバッグが全ての中でいちばんかわいらしい。　（ of, all, this, bag, the, is, prettiest ）.

（　　　　　　　　　　　　　　　　　　　）

（3）アレックスはマイクより速く走りますか。　（ Alex, Mike, run, than, faster, does ）?

（　　　　　　　　　　　　　　　　　　　）

（4）この歌はあの歌よりも人気があります。　（ more, this song, that one, than, popular, is ）.

（　　　　　　　　　　　　　　　　　　　）

（5）私はエミほどじょうずにピアノをひきません。　（ I, Emi, as, as, well, don't, play, the piano ）.

（　　　　　　　　　　　　　　　　　　　）

19

　英文の中には **to** という単語がよくでてきます。**to** の使い方をここでは勉強しましょう。
大きく分けて、次の5パターンを覚えましょう。

～するために、～して（to＋動詞の原形）

　　　（例）She went there **to** buy a CD.　　　（彼女は CD を買うためにそこへ行きました。）

　　　　　　I am surprised **to** see this.　　　（私はこれを見て驚いています。）

～すること、～であること（to＋動詞の原形）

　　　（例）Kumi likes **to** sing.　　　　　（クミは歌うことが好きです。）

　　　　　　To play baseball is fun　　　（野球をすることは楽しいです。）

よく使われる表現	want ＋（to ＋ 動詞の原形）「～したい」
	try　＋（to ＋ 動詞の原形）「～しようと試みる」
	need　＋（to ＋ 動詞の原形）「～する必要がある」

～するための、～すべき（to＋動詞の原形）

　　　（例）I want something **to** drink.　　（私は飲むための何かがほしい。 ＝ 飲みものがほしい。）

　　　　　　　　　　　　　　　　　　　　　　※to＋動詞の原形＝不定詞　という。

～へ　（to＋名詞）

　　　（例）I go **to** Tokyo.　　　（東京へ行きます。）

～まで　（to＋名詞）

　　　（例）I work from nine **to** five.　　（私は9時から5時まで働きます。）

---

1 to に注意して全文を訳しなさい。

（1）I went to school last Saturday.

（2）I study from Monday to Friday.

（3）My sister likes to play tennis.

（4）To read books is my hobby.

（5）I get up early to make breakfast.

（6）They went to the park to play tennis.

（7）He wants something to eat.

（8）There are many things to learn at school.

（9）I was happy to read the book.

(1)	
(2)	
(3)	
(4)	
(5)	
(6)	
(7)	
(8)	
(9)	

2 （　）内の語を並べかえて、英文を完成させなさい。

（1）私はしばしば図書館へ行きます。　（ often, to, go, the library, I).

（　　　　　　　　　　　　　　　　　　　　）

（2）私は朝から晩まで働きます。　（ from, to, morning, night, I, work).

（　　　　　　　　　　　　　　　　　　　　）

（3）私たちは動物園を訪れることにわくわくしました。　（ to, excited, we, the zoo, visit, were).

（　　　　　　　　　　　　　　　　　　　　）

（4）私の兄は科学者になることを望んでいます。　（ to, a scientist, my brother, be, wants).

（　　　　　　　　　　　　　　　　　　　　）

（5）彼は友達に会うために京都へ行きました。　（ he, to, to, Kyoto, meet, went, his friend).

（　　　　　　　　　　　　　　　　　　　　）

（6）彼は本を読むための時間がありません。　（ no, to, read, time, he, has, books).

（　　　　　　　　　　　　　　　　　　　　）

21

11. ～ing の使い方

《動詞＋ing》 の形にするとどういう意味になるでしょう。主に２つの使い方があります。

動名詞と現在分詞です。その２つをここでは勉強しましょう。

動名詞 「～すること」という意味になる。

（例） My hobby is cooking.　　　　　　（私の趣味は**料理すること**です。）

Speaking English is difficult.　　　（**英語を話すこと**は難しいです。）

I enjoyed singing a song.　　（私は歌を**歌うこと**を楽しんだ。 ＝ 歌って楽しんだ。）

enjoy ～ing	～を楽しむ
stop ～ing	～するのをやめる
finish ～ing	～し終える

現在分詞 「～している」という意味になる。

（例） My mother is cooking.　　　　　（私の母は**料理をしています**。） → 現在進行形 P10

The crying baby is my child.　　（**泣いている**赤ちゃんは私の子どもです。）

The girl sleeping under the tree is Lucy. （木の下で**眠っている**少女はルーシーです。）

22

1 次の英文を日本語に訳しなさい。

（1）Listening to music is fun.

（2）I enjoyed talking with my friends.

（3）I will stop playing video games.

（4）I finished doing my homework.

（5）We are watching a movie.

(1)	
(2)	
(3)	
(4)	
(5)	

2 （ ）内の語を並べかえて、英文を完成させなさい。

（1）英語を勉強することはおもしろいです。　（ English, is, interesting, studying).

（　　　　　　　　　　　　　　　　　　　　）

（2）私の兄の趣味は車を運転することです。　（ a car, my brother's, driving, is, hobby).

（　　　　　　　　　　　　　　　　　　　　）

（3）私は中国語を学び始めました。　（ learning, Chinese, started, I).

（　　　　　　　　　　　　　　　　　　　　）

（4）教室で歌うのをやめなさい。　（ in, stop, the classroom, singing).

（　　　　　　　　　　　　　　　　　　　　）

（5）ケンはいつ本を読み終えましたか。　（ did, Ken, finish, the book, when, reading)?

（　　　　　　　　　　　　　　　　　　　　）

（6）ギターをひいている少女を知っていますか。　（ you, know, the guitar, the girl, playing, do)?

（　　　　　　　　　　　　　　　　　　　　）

（7）彼女は今、電話で話しています。　（ is, on the phone, talking, she, now).

（　　　　　　　　　　　　　　　　　　　　）

（8）私たちは今、音楽を楽しんでいます。　（ are, enjoying, now, music, we).

（　　　　　　　　　　　　　　　　　　　　）

23

12. 受け身

　ここでは、「〜される」という受け身の言い方について勉強します。例えば、「私はその車を洗います。」を受け身で表すと、「その車は私によって洗われます。」になります。では、英文ではどうなるでしょう。

《 肯定文 》

| 主語 | ＋ | be 動詞 | ＋ | 過去分詞 | ＋ | by〜 | . |

　（例）この車は私によって洗われます。　This car is washed by me.

《 否定文 》

| 主語 | ＋ | be 動詞 | ＋ | not | ＋ | 過去分詞 | ＋ | by〜 | . |

　（例）この車は私によって洗われません。　This car isn't washed by me.

《 疑問文 》

| be 動詞 | ＋ | 主語 | ＋ | 過去分詞 | ＋ | by〜 | ? |

　（例）英語はたくさんの人々によって話されますか。　Is English spoken by many people ?

(Point!) ここで、過去分詞について勉強しましょう。

　　動詞には、現在形・過去形・過去分詞・〜ing の 4 つの形があります。その中で、過去分詞は、どういった文で主に使うのでしょう。1 つは受け身、そして、もう 1 つは現在完了(P26 で勉強)の文で使われます。また、過去分詞は spoken のように、speak が不規則に変化したものもあれば、washed のように、wash に ed をつけるだけのものもあります。

1　　（　）内の語を適切な形に直しなさい。

（1）This room is (use) by everyone.

（2）Was this house (build) by your father ?

（3）What language is (speak) in Australia ?

（4）These books were not (bring) by my friend.

(1)	
(2)	
(3)	
(4)	

2　　次の英文を受け身に直しなさい。（ただし、与えられた単語で書き始めること）

（1）Ken studies English.

（2）Did you find her bag ?

（3）Tom didn't read the story.

（4）She took the picture.

(1) English
(2) Was
(3) The story
(4) The picture

3　　（　）内の語を並べかえて、英文を完成させなさい。

（1）その犬は私の家族に愛されています。　　　（ loved, the dog, my family, is, by ）．

（　　　　　　　　　　　　　　　　　　　　　　　）

（2）これらの箱はあなたによって作られましたか。　　　（ these boxes, made, were, you, by ）？

（　　　　　　　　　　　　　　　　　　　　　　　）

（3）いつあの学校は建てられましたか。　　　（ that school, was, when, built ）？

（　　　　　　　　　　　　　　　　　　　　　　　）

（4）この部屋は昨日、そうじされませんでした。　　　（ was, not, this room, yesterday, cleaned ）．

（　　　　　　　　　　　　　　　　　　　　　　　）

　現在完了とは、どのような文をいうのでしょう。過去形でもなく、現在形でもなく過去＋現在のことを表したいときに使います。例えば、「私は5年前から日本で暮らしています。」という表現は、5年前の過去から現在まで暮らしているという言い方なので現在完了です。

《 肯定文 》

主語 ＋ have, has ＋ 過去分詞 ＋ 〜 .

　（例）私は5年間日本に住んでいます。　I have lived in Japan for five years.

《 否定文 》

主語 ＋ have, has ＋ not ＋ 過去分詞 ＋ 〜 .

　(例)私はまだ昼食を食べていません。　I have not eaten lunch yet.

《 疑問文 》

Have, Has ＋ 主語 ＋ 過去分詞 ＋ 〜 ?

　（例）あなたはもう部屋を掃除してしまいましたか。　Have you cleaned your room yet ?

　(Point!) 現在完了の訳し方といっしょに使われる単語

意　味	いっしょに使われる単語
ずっと〜している ずっと〜していない	for （〜の間）　　since （〜以来）　　how long （どれくらい長く）
〜したことがある 〜したことがない	ever （これまでに）　　never （一度も〜ない）
〜してしまった 〜したところだ 〜していない	just （たった今）　　already （もう、すでに） yet （(疑問文で) もう、(否定文で) まだ）

	1回目	2回目	3回目
	/11問	/11問	/11問

1 　（　）内の語を適切な形にかえ、全文を訳しなさい。

（1）We have (are) friends since last year.

（2）She has just (finish) dinner.

（3）I have never (see) him.

（4）Have you ever (read) the book ?

（5）It has (is) cold for seven days.

（1）	
（2）	
（3）	
（4）	
（5）	

2 　（　）内の語を並べかえて、英文を完成させなさい。

（1）私はたった今、宿題を終えたところです。　　（ have, just, my homework, finished, I).

（　　　　　　　　　　　　　　　　　　　　　）

（2）私はまだ昼食を食べていません。　　（ have, I, lunch, not, yet, eaten).

（　　　　　　　　　　　　　　　　　　　　　　　）

（3）あなたはこれまでにアメリカへ行ったことがありますか。はい、あります。
　　　　　　　　　　　　　　　（ have, America, you, been, to, ever)?　　（ I, have, yes).

（　　　　　　　　　　　　　　　　　　　　　　　　　　）

（4）彼は昨日からずっと忙しいですか。　　（ he, busy, has, yesterday, since, been) ?

（　　　　　　　　　　　　　　　　　　　　　　　）

（5）あなたはどれくらい長く彼を知っているのですか。　　（ you, him, how, long, known, have) ?

（　　　　　　　　　　　　　　　　　　　　　　　）

（6）マイクは2010年以来ずっと日本を訪れていません。(not, Mike, visited, 2010, since, Japan, has).

（　　　　　　　　　　　　　　　　　　　　　　　）

27

14. some, any, many, much, a lot of, a few, a little

some と any

some と any はどちらも「いくつかの、いくらかの」という意味です。

ただし、some は肯定文に、any は疑問文・否定文に使います。

（例）There are <u>some</u> boys in the park.　　（公園に何人かの男の子がいます。）

　　　Do you have <u>any</u> sisters ?　　　　　（あなたは姉妹はいますか。）

　　　She doesn't have <u>any</u> friends.　　　（彼女は友達がいません。）

many と much と a lot of

many と much と a lot of は「たくさんの」という意味です。

ただし、次のようにあとにくる単語によって使い分けます。　　　　　（下の表を見る！）

（例）many (a lot of) books,　many (a lot of) people　　※ people（人々）

（例）much (a lot of) money,　much (a lot of) water

a few と a little

a few は「少数の」、a little は「少量の」という意味です。much や many のように、

あとにくる単語によって使い分けます。　　　　　　　　　　　　（下の表を見る！）

（例）a few books,　a few friends,　a little money

(Point!)

many,　a lot of,　a few　＋　数えられるもの　（複数の s, es がつく）	
much,　a lot of,　a little　＋　数えられないもの（つまり量を表すもの）	

28

1 （ ）内から適する語を選びなさい。

（1）I have (some, any) pictures of Kyoto.

（2）There is (some, any) water in the glass.

（3）Do you have (some, any) friends in your class ?

（4）Did he buy (some, any) foods ?

（5）I don't have (some, any) brothers.

（6）Were there (many, much) girls in the room ?

（7）I don't know (many, much) English words.

（8）How (many, much) is this book ?

（9）I have (a few, a little) money.

（10）(A few, A little) people were in the room.

(1)
(2)
(3)
(4)
(5)
(6)
(7)
(8)
(9)
(10)

2 下線部を、あとの（ ）内の語にかえて全文を書きなさい。

（1）There is a cup on the table.　　（some）

（　　　　　　　　　　　　　　　　　　　　　）

（2）There was a pencil in the box.　　（a lot of）

（　　　　　　　　　　　　　　　　　　　　　）

（3）Are there many apples in the cup ?　　（water）

（　　　　　　　　　　　　　　　　　　　　　）

（4）Did you have a ball ?　　（balls）

（　　　　　　　　　　　　　　　　　　　　　）

（5）We went there a week ago.　　（a few）

（　　　　　　　　　　　　　　　　　　　　　）

15. 前置詞

in, on, for, from, with, to, at, by …などを 前置詞 といいます。

	おもな意味	例	
in	① （場所）…(の中)に、で、の	in Japan	（日本に）
	② （時）…に、の間に	in November	（11 月に）
	③ （方法・道具・材料）…で	in English	（英語で）
on	① （場所）…の上に	on the table	（テーブルの上に）
	② （日時）…に	on Sunday	（日曜日に）
	③ （手段）…で	on TV	（テレビで）
for	① …のために、の	for him	（彼のために）
	② …の間	for two days	（2 日間）
	③ …にとって	for me	（私にとって）
with	① …といっしょに	with me	（私といっしょに）
	② …を使って	with a pen	（ペンを使って）
	③ …を身につけて、…のある	with long hair	（長い髪の）
to	…へ、…まで	to America	（アメリカへ）
from	…から、…出身の	from Monday	（月曜日から）
at	① （場所）…で	at home	（家で）
	② （時間）…に	at 6:00	（6 時に）
by	①…によって	by him	（彼によって）
	②…で	by bus	（バスで）
	③…のそばに	by the tree	（木のそばに）
of	（部分）…の中の、…の	some of them	（彼らの何人か）
under	…の下に	under the table	（テーブルの下に）
about	…について （「およそ」の意味もある）	about the book	（その本について）

into	…の中へ（に）	through	…を通り抜けて	during	…の間ずっと、…の間に
between	…（と〜）の間で（に、の）	after	…のあとに（で）	among	…の中で（に、を）
before	…の前に（の）	since	…(して)以来	along	…に沿って
like	…のような（に）	near	…の近くに（で）	as	…として

1 （　）内から適切な前置詞を選びなさい。

（1） He lives (in,　on) London.

（2） In America, schools begin (at,　in) September.

（3） We don't go to school (in,　on) Saturday.

（4） There is a cup (in,　on) the desk.

（5） They stay in Japan (for,　from) three weeks.

（6） I get up (at,　in) seven every morning.

（7） We play tennis (to,　with) her.

（8） Do you often come (to,　at) this shop ?

（9） Let's meet (at,　to) the library at 1:00.

（10） Take your umbrella (with,　to) you.

(1)
(2)
(3)
(4)
(5)
(6)
(7)
(8)
(9)
(10)

2 （　）内の意味を参考にして、下線部に前置詞を入れなさい。

（1） My sister goes to school ＿＿＿＿ bus.　　　（バスで）

（2） He works from nine ＿＿＿＿ five.　　　（5時まで）

（3） I am watching a tennis game ＿＿＿＿ TV.　　　（テレビで）

（4） She is a friend ＿＿＿＿ mine.　　　（友達の一人）

（5） They talked ＿＿＿＿ the book.　　　（その本について）

（6） Jane is ＿＿＿＿ Australia.　　　（オーストラリア出身）

（7） Let's play baseball ＿＿＿＿ school.　　　（放課後）

（8） He is standing ＿＿＿＿ Mike and Tom.　　　（マイクとトムの間に）

（9） I have lived here ＿＿＿＿ 2015.　　　（2015年以来）

（10） My cat is ＿＿＿＿ the table.　　　（テーブルの下）

(1)
(2)
(3)
(4)
(5)
(6)
(7)
(8)
(9)
(10)

関係代名詞は難しいですね。どの参考書を読んでも、読めば読むほど？？となるのではないですか。簡単にいえば、文と文を足し算して、1つの文を作るときに使うものと考えるとよいでしょう。

---

① He is <u>a teacher</u>.　<u>He</u> teaches us English.　（彼は先生です。彼は私たちに英語を教えます。）

前の文の a teacher と後の文の He は同じ。だから、この2文を足し算して1文にするには、後の He を省いて、<u>who</u> にかえる。

He is a teacher who teaches us English.　（彼は私たちに英語を教える先生です。）

② This is <u>a book</u>.　<u>It</u> was written by Soseki.（これは本です。それは漱石によって書かれました。）

前の文の a book と後の文の It は同じ。だから、It を省いて <u>which</u> または <u>that</u> にかえる。

This is a book which was written by Soseki.　（これは漱石によって書かれた本です。）

③ This is <u>a ball</u>.　I bought <u>it</u> yesterday.　（これはボールです。私は昨日それを買いました。）

前の文の a ball と後の文の it は同じ。だから、it を省いて <u>which</u> または <u>that</u> にかえる。

This is a ball which I bought yesterday.　（これは私が昨日買ったボールです。）

(Point!) 関係代名詞の選び方

省略する単語	関係代名詞	例題
～は（人）	who	①は省略する単語が「彼は」であるから
～は（物や動物）	which, that	②は省略する単語が「それは」で、物であるから
～を（物や動物）	which, that	③は省略する単語が「それを」で、物であるから

1 （　）内から適切な関係代名詞を選びなさい。

（1）彼女は音楽がとても好きな学生です。

She is a student (who,　which) likes music very much.

（2）私はピアノをひくことができる友達がいます。

I have a friend (who,　which) can play the piano.

（3）これは私たちを幸せにする映画です。

This is a movie (who,　which) makes us happy.

（4）これは彼女が昨日買ったバッグですか。

Is this the bag (who,　which) she bought yesterday ?

（5）私は速く走る犬を飼っています。

I have a dog (who,　which) runs fast.

(1)	
(2)	
(3)	
(4)	
(5)	

2 （　）内の語を並べかえて、英文を完成させなさい。

（1）私はアメリカに住んでいる友達がいます。　　(a friend, who, have, I, in, America, lives).

（　　　　　　　　　　　　　　　　　　　　）

（2）これはその学校へ行くバスです。　　(the school, the bus, this, that, goes, is, to).

（　　　　　　　　　　　　　　　　　　　　）

（3）トムは青い目の猫を飼っています。　　(Tom, eyes, blue, has, has, a, which, cat).

（　　　　　　　　　　　　　　　　　　　　）

（4）これは彼が昨年書いた本です。　　(is, this, that, he, wrote, a book, last year).

（　　　　　　　　　　　　　　　　　　　　）

英語を勉強していると、単語の後に「S」をつけることがよくあるけど、何のことかわからなくなる人も多いはず。次の4つを覚えておくと頭の中が整理されます。

《 複数の「S」（2つ以上のとき名詞につく） 》

 （例） two books   （2冊の本）   three boxes   （3つの箱）

《 所有の「'S」（ ～の 、～のもの というとき名詞につく） 》

 （例） Tom's bag   （トムのバッグ）

   It is my father's.   （それは私の父のものです。）

《 短縮の「'S」 》

 （例） It's my chair.   （それは私のいすです。）

   ※It's = It is の短縮形、「its=その」とは違うので注意

《 主語が3人称単数のとき、動詞につく「S」（ただし、現在の文） 》

 （例） He lives in America.   （彼はアメリカに住んでいます。）

   Kumi goes to school by bus.   （クミはバスで学校へ行きます。）

   ※ 3人称単数とは、he, she, it, 人名（1人）などのこと。

---

1 （　）内から適する語を選びなさい。

（1）I have a (notebook,　notebooks).

（2）He has three Japanese (class,　classes).

（3）This is (Jane,　Jane's) album.

（4）Many people enjoy (it's,　its) beautiful nature.

（5）He and I (like,　likes) that flower.

（6）Does Keiko (help,　helps) her mother every day ?

（7）Our school (stand,　stands) on a hill.　　　※hill＝丘

（8）Mr. White can't (speak,　speaks) Japanese well.

（9）Many people (use,　uses) this computer.

（10）She often (watch,　watches) baseball games on TV.

(1)	
(2)	
(3)	
(4)	
(5)	
(6)	
(7)	
(8)	
(9)	
(10)	

2 （　）内の語を適切な形に直しなさい。ただし、書きかえる必要
　のないときはそのままの語を書きなさい。

（1）There were five (dog) in the park yesterday.

（2）Where is (Mary) sister ?

（3）(She is) from America.　　（短縮形に）

（4）My mother (cook) very well.

（5）He (have) never been to Hokkaido.

（6）How many (child) do you have ?

（7）Mike doesn't (have) to speak Japanese.

(1)	
(2)	
(3)	
(4)	
(5)	
(6)	
(7)	

18.会話での表現

　電話、買い物などのさまざまな場面（シチュエーション）での会話表現について学習します。

これまでに学習した表現もあるので、復習もかねて学んでいきましょう。

《 あいさつとお礼とその応答 》

　　（例）How are you ?　―　I'm fine, thank you.
　　　　　（お元気ですか。）　　（おかげさまで元気です。）
　　　　　Thank you very much.　―　You're welcome.
　　　　　（どうもありがとう。）　　　（どういたしまして。）

《 きづかい，病気のときの表現 》

　　（例）What's wrong ?　―　I have a headache.
　　　　　（どうしたのですか。）　（私は頭痛がします。）
　　　　　That's too bad.
　　　　　（それはいけませんね。）

《 電話での応答 》

　　（例）Hello.　This is Ken.　May I speak to Yumi ?　―　Speaking.
　　　　　（もしもし。ケンです。ユミさんをお願いできますか。）　（私です。）

《 買い物での表現 》

　　（例）May(Can) I help you ?　―　I'm just looking.
　　　　　（いらっしゃいませ。）　　　　（見ているだけです。）

《 返事・あいさつなどの表現 》

Sure.	いいですよ。	Sounds interesting.	おもしろそうですね。	Why don't we～?	(いっしょに)～しませんか。
Of course.	もちろん。	Just a moment.	ちょっと待って。	Would you like ～?	～はいかがですか。
I see.	わかった。	How about you?	あなたはどうですか。	Shall we(Let's)～?	～しましょう。

36

1 （　）内から適する語を選びなさい。

（1）A：My sister is sick today.

　　　B：That's too (late,　bad).

（2）A：May I leave a message ?

　　　B：(Sure,　Right).

（3）A：Why (don't,　are) we go to the zoo tomorrow ?

　　　B：That's a good idea.

（4）A：What's (wrong,　doing) ?

　　　B：I am tired.

(1)	
(2)	
(3)	
(4)	

2 （　）内の語を並べかえて、英文を完成させなさい。

（1）今日の午後、テニスをしましょうか。　（ we, afternoon, don't, tennis, this, why, play) ?

　　　（　　　　　　　　　　　　　　　　　　　　　　　　　　　）

（2）もう少し小さいものを出しましょうか。　（ you, show, one, a, I, smaller, shall) ?

　　　（　　　　　　　　　　　　　　　　　　　　　　　　　　　）

（3）この黒い T シャツはいかがですか。　（ about, T-shirt, this, how, black) ?

　　　（　　　　　　　　　　　　　　　　　　　　　　　　　　　）

（4）何か食べるものはいかがですか。　（ you, to, like, would, eat, something) ?

　　　（　　　　　　　　　　　　　　　　　　　　　　　　　　　）

（5）おもしろい本をさがしましょう。　（ an, let's, for, book, look, interesting) .

　　　（　　　　　　　　　　　　　　　　　　　　　　　　　　　）

/20 点

1 次の下線部に am, are, is, was, were のうち正しいものを入れなさい。

（1）He _____ my brother.

（2）I _____ Tanaka Satoshi.

（3）_____ you from New York ?

（4）This pencil _____ 200 yen last week.

（5）_____ you at home yesterday ?

（1）	
（2）	
（3）	
（4）	
（5）	

（1点×5）

2 （ ） 内の指示に従って書きかえなさい。

（1）You are a student. （疑問文に）

（2）That's my bag. （否定文に）

（3）I am happy. （yesterday を付け加えて）

（4）I was in Japan. （下線部を We にかえて）

（5）Saki and I are sisters. （否定文に）

（1）	
（2）	
（3）	
（4）	
（5）	

（2点×5）

3 日本文の意味を表すように、下線部に適語を入れなさい。

（1）あなたは山本先生ですか。

_____ _____ Ms. Yamamoto ?

（2）私はボストン出身です。

_____ _____ from Boston.

（3）光太と健は兄弟ではありません。

Kota and Ken _____ _____ brothers.

（1）
（2）
（3）

（（1）は1点、（2）（3）は各2点）

/20 点

1　（　）内を適する形に変えなさい。

（1）He (live) in America now.

（2）We (study) English yesterday.

（3）She doesn't (talks) about the book.

（4）I (don't) play the piano yesterday.

（5）(Do) you buy the bag last month ?

(1)
(2)
(3)
(4)
(5)

（1点×5）

2　（　）内の指示に従って書きかえなさい。

（1）I study math hard.　　（下線部を Haruki にかえて）

（2）He doesn't know about it.（下線部を We にかえて）

（3）Saki studies Japanese.　　（否定文に）

（4）Do they play soccer ?　　（last week を加えて）

（5）Does she use this computer ?　　（No で答える）

(1)
(2)
(3)
(4)
(5)

（2点×5）

3　日本文の意味を表すように、下線部に適切な語を入れなさい。

（1）ベーカー先生はときどき理科を教えます。

　　Ms. Baker ＿＿＿＿ ＿＿＿＿ science.

（2）ベッキーはビーチの近くに住んでいますか。

　　＿＿＿＿ Becky ＿＿＿＿ near the beach ?

（3）私たちはこの夏旅行をしませんでした。

　　We ＿＿＿＿ ＿＿＿＿ this summer.

(1)
(2)
(3)

（（1）は1点、（2）（3）は各2点）

1 　（　）内に適切な語を書きなさい。

（1）（　　　）is that boy ?　He is my brother.

（2）（　　　）time is it ?　It's seven o'clock.

（3）（　　　）is my dictionary ?　It is under the notebook.

（4）（　　　）do you play the guitar ?　I play it after school.

（5）（　　　）do you like better, tennis or soccer ?

(1)	
(2)	
(3)	
(4)	
(5)	

（1 点×5）

2 　（　）内の語を並べかえて、英文を完成させなさい。

（1）あなたはどんな食べ物が好きですか。

　　　（ food, do, like, what, you ）？

（2）この本はいくらですか。

　　　（ much, this, how, is, book ）？

（3）あなたの誕生日はいつですか。

　　　（ is, birthday, when, your ）？

(1)	
(2)	
(3)	

（（1）は 1 点、（2）（3）は各 2 点）

3 　下線部が答えの中心となる疑問文を書きなさい。

（1）I have five apples.

（2）I want a racket.

（3）She is my friend.

（4）This is my eraser.

（5）We listen to music before dinner.

(1)	
(2)	
(3)	
(4)	
(5)	

（2 点×5）

確認テスト4　(P8〜13 の確認)

/20 点

1　( ) 内の語を適切な形になおしなさい。

(1) These balls are (they).

(2) I play baseball with (he).

(3) I am (run) in the park now.

(4) We were (have) breakfast then.

(5) (Be, Being) careful.

| (1) |
| (2) |
| (3) |
| (4) |
| (5) |

(1点×5)

2　日本文の意味を表すように、下線部に適切な語を入れなさい。

(1) 彼女は私たちについて知っています。

_____ knows about _____.

(2) 彼はそのとき彼のノートをさがしていましたか。

_____ he _____ for his notebook then ?

(3) そこでサッカーをしてはいけません。

_____ _____ soccer there.

(4) どうぞみんなに親切にしてください。

_____ _____ kind to everyone.

(5) この本を読みましょう。

_____ _____ this book.

(1)	
(2)	
(3)	
(4)	
(5)	

((1)〜(4)は各1点、(5)は2点)

3　日本文を英文にしなさい。

(1) あのピアノは彼の兄のものです。

(2) 彼女はそのとき、英語を話していませんでした。

(3) ここにあなたの名前を書きなさい。

| (1) |
| (2) |
| (3) |

(3点×3)

41

1　（　）内から適する語を選びなさい。

（1）I will (am, be) busy tomorrow.

（2）He has to (go, goes) to the hospital.

（3）She must (help, helps) her father.

（4）Which do you speak, English (and, or) Japanese ?

(1)
(2)
(3)
(4)

（1点×4）

2　日本文の意味を表すように、下線部に適切な語を入れなさい。

（1）窓を開けてもいいですか。

　　＿＿＿＿ ＿＿＿ open the window ?

（2）この机を使ってはいけません。

　　You ＿＿＿＿ ＿＿＿ use this desk.

（3）彼女はピアノを練習しなければなりません。

　　She ＿＿＿＿ ＿＿＿ practice the piano.

（4）もし明日雨なら、私は家にいるつもりです。

　　I ＿＿＿ stay at home ＿＿＿ it's rainy tomorrow.

（5）彼が忙しいとき、私は手伝いました。

　　I helped him ＿＿＿ he was ＿＿＿.

(1)	
(2)	
(3)	
(4)	
(5)	

（2点×5）

3　（　）内の語を並べかえて、英文を完成させなさい。

（1）私はその映画はおもしろいと思います。(is, think, movie, I, the, interesting, that).

（2）今起きなさい、そうしなければ学校に遅れます。(up, get, you, now, be, will, or, late, for school).

(1)
(2)

（3点×2）

確認テスト 6　(P18〜19 の確認)　　　　/20 点

1│ 日本文の意味を表すように、( )に適切な語を入れなさい。

（1）この机は私のものより小さいです。
　　 This desk is ( )( ) mine.

（2）この建物はこの市でいちばん古いです。
　　 This building is the ( )( ) this city.

（3）この問題はあの問題よりも難しいです。
　　 This question is ( )( ) than that one.

（4）このペンはあのペンよりよいです。
　　 This pen is ( )( ) that one.

（5）ケンはシンジと同じくらい速く走ります。
　　 Ken runs as ( )( ) Shinji.

(1)	
(2)	
(3)	
(4)	
(5)	

(2点×5)

2│ ( ) 内の語を並べかえて、英文を完成させなさい。

（1）オーストラリアは日本より広いですか。　　　　　(Australia, Japan, is, than, larger) ?

（2）この町はアメリカでいちばん有名ですか。　　(this town, America, famous, the, most, in, is)?

（3）彼女のバッグは全ての中でいちばんよいです。　　(her bag, the, best, all, of, is).

（4）このピアノはあなたのものほど高価ではないです。(this piano, yours, as, as, isn't, expensive).

（5）私はケンほどじょうずに英語を話しません。　　(I, Ken, as, as, don't, speak, English, well).

(1)	
(2)	
(3)	
(4)	
(5)	

(2点×5)

確認テスト 7 （P20～23 の確認）

/20 点

1 （ ）内から適する語を選びなさい。

（1）I am (to watch, watching) TV now.

（2）We want (to study, studying) science.

（3）Mike has many things (to do, doing).

（4）I enjoyed (to read, reading) the book.

（5）She finished (to eat, eating) breakfast.

(1)	
(2)	
(3)	
(4)	
(5)	

（1 点×5）

2 日本文の意味を表すように、（ ）に適切な語を入れなさい。

（1）私は月曜日から金曜日まで働きます。
I work (　　) Monday (　　) Friday.

（2）久美はノートを買うためにそのお店へ行きました。
Kumi went to the store (　　)(　　) a notebook.

（3）映画の間は話すことをやめなさい。
(　　)(　　) during the movie.

（4）英語を話すことはとても難しいです。
(　　) (　　) is very difficult.

(1)		
(2)		
(3)		
(4)		

（2 点× 4）

3 （ ）内の語を並べかえて、英文を完成させなさい。

（1）私は昼食を食べる時間がありませんでした。　(I, have, to, lunch, didn't, time, eat).

（2）数学を勉強することは難しいです。　(math, difficult, to, is, study).

（3）あなたはその物語をいつ書き終えましたか。　(you, when, did, the story, writing, finish)?

(1)	
(2)	
(3)	

（(1)（2）は各 2 点、（3）は 3 点）

1　（1），（2）の（　）内から適する語を選び，（3），（4）の
　　（　）内の語を適切な形になおしなさい。

(1)	
(2)	
(3)	
(4)	

（1）English is (using, used) in America.

（2）Is Japanese (studying, studied) at your school ?

（3）I have (live) in Japan for a month.

（4）It has (is) cloudy since last week.

（1 点×4）

2　次の日本文に合うように，（　）に適切な語を入れなさい。

（1）これらの本は英語で書かれています。
　　These books (　　)(　　) in English.

（2）京都はたくさんの人々によって訪れられます。
　　Kyoto (　　)(　　) by many people.

（3）私はこの机を 20 年間ずっと使っています。
　　I have (　　) this desk (　　) twenty years.

(1)	
(2)	
(3)	
(4)	

（2 点×4）

（4）彼は 7 歳のときからずっとバイオリンを練習していますか。
　　Has he (　　) the violin (　　) he was seven ?

3　（　）内の語を並べかえて，英文を完成させなさい。

（1）この物語はたくさんの人々に愛されていますか。（ is, loved, by, this story, people, a lot of)?

（2）あなたはもうその写真を見ましたか。　　　　　　(you, looked, at, yet, the picture, have)?

（3）彼らはそれについて一度も聞いたことがありません。(they, never, it, of, heard, have).

(1)	
(2)	
(3)	

（(1) は 2 点、(2)(3) は各 3 点）

1　( ) 内から適する語を選びなさい。

(1) We have (some, any) cards.

(2) Do you have (some, any) notebooks ?

(3) How (many, much) bags do they have ?

(4) I met him a (little, few) days ago.

(1)	
(2)	
(3)	
(4)	

(1 点×4)

2　( ) 内から適する語を選びなさい。

(1) I go to school (on, by) bike.

(2) She works (from, since) ten to four.

(3) He is a friend (to, of) mine.

(4) Ken is sitting between Mike (and, or) Ben.

(1)	
(2)	
(3)	
(4)	

(1 点×4)

3　( ) 内の語を適切な形に書き直しなさい。

(1) Where is (you) brother ?

(2) (It is) very pretty.　(短縮形に)

(3) My sister (study) English every day.

(4) How many (apple) do they have ?

(1)	
(2)	
(3)	
(4)	

(1 点×4)

4　( ) 内を並べかえて、英文を完成させなさい。

(1) 彼女は私たちに数学を教える先生です。　　(is, a teacher, who, us, math, teaches, she).

(2) これは図書館へ行くバスです。　　(the bus, the library, this, that, goes, is, to).

(3) これは私が昨日買った本です。　　(is, this, which, I, bought, the book, yesterday).

(1)	
(2)	
(3)	

((1) は 2 点、(2) (3) は各 3 点)

解 答

P3

1 (1) am 　　　　（私は教師です。）
　 (2) are 　　　　（トムと私は兄弟ではありません。）
　 (3) Is 　　　　（彼女はあなたのお母さんですか。）
　 (4) Are 　　　　（彼らはあなたの友達ですか。）
　 (5) Were 　　　（彼らは昨年東京にいましたか。）
　 (6) is 　　　　（サトウさんはいつもとても親切です。）
　 (7) Was 　　　（先週、札幌は寒かったですか。）
　 (8) are not 　　（あれらの本は私のものではありません。）
　 (9) was 　　　（あなたのお父さんはそのとき、疲れていましたか。　はい、そうでした。）
　 (10) am 　　　（あなたは日本出身ですか。　いいえ、ちがいます。）

2 (1) He is our English teacher.
　 (2) Is that boy Tom ?
　 (3) The bike was not mine.
　 (4) Were she and you busy last year ?
　 (5) Is that your notebook ?

P5

1 (1) play 　　　（私は毎日テニスをします。）
　 (2) has 　　　（彼女はノートを5冊持っています。）
　 (3) had 　　　（彼は昨年、2匹の猫を飼っていました。）
　 (4) writes 　　（スミスさんはよく彼女の友達に手紙を書きます。）
　 (5) don't 　　　（彼らはサッカーをしません。）
　 (6) does 　　　（ハルコは英語を話しません。）
　 (7) read 　　　（彼はあの手紙を読みませんでした。）
　 (8) study 　　　（マイクは毎日、勉強しますか。）
　 (9) Does 　　　（タナカ先生は数学を教えますか。）
　 (10) didn't 　　（あなたは今年の夏、旅行しましたか。いいえ、しませんでした。）

2 (1) Jane knows Mr. White.
　 (2) Do you study English every day ?
　 (3) He doesn't speak Japanese.
　 (4) Tom and Jane didn't go to the library.
　 (5) Did you play baseball yesterday ?

P7

1 (1) Who 　　　（この少女はだれですか。彼女はアヤです。）
　 (2) What 　　　（エミは毎日何を勉強しますか。彼女は英語を勉強します。）
　 (3) Where 　　　（私の消しゴムはどこですか。それはあの机の下です。）
　 (4) Whose 　　　（あれはだれのボールですか。それは私のものです。）
　 (5) When 　　　（あなたは本をいつ読みますか。私は放課後に本を読みます。）
　 (6) Which 　　　（みどり駅へ行くのはどのバスですか。2番バスに乗ってください。）

- 1 -

（7）How 　　　　（図書館まではどのくらい時間がかかりますか。）

（8）What 　　　　（今何時ですか。12時です。）

（9）How 　　　　（あなたは本を何冊持っていますか。私は本を5冊持っています。）

（10）How 　　　　（私たちはサッカーをします。あなたはどうですか。）

2 （1）What is your name？

　（2）When did you read the book？

　（3）Which do you like, rice or toast？

　（4）How old is your father？

　（5）How many brothers do you have？

P9

1 （1）her 　　　　（ボブは彼女の兄（弟）です。）

　（2）mine 　　　　（これはあなたのカメラですか。はい、それは私のものです。）

　（3）they 　　　　（彼らは英語を話しますか。）

　（4）he 　　　　（彼は何歳ですか。）

　（5）your 　　　　（あなたの名前は何ですか。）

　（6）her 　　　　（私はとても彼女を好きです。）

　（7）him 　　　　（私たちは彼とテニスをします。）

　（8）our 　　　　（どうぞ、私たちの家へ来てください。）

　（9）it 　　　　（私はそれを好きではありません。）

　（10）Jane's 　　　　（これはジェーンのノートです。）

2 （1）My 　（2）you 　（3）me 　（4）ours 　（5）us

P11

1 （1）I am washing my face now. 　　　　（私は今、顔を洗っています。）

　（2）My mother is cooking now. 　　　　（私の母は今、料理をしています。）

　（3）They were playing tennis then. 　　　　（彼らはそのとき、テニスをしていました。）

　（4）Are they working hard now？ 　　　　（彼らは今、一生懸命働いていますか。）

　（5）Was your brother driving a car then？ （あなたのお兄さん（弟）はそのとき車を運転していましたか。）

　（6）We are not studying English now. 　　　　（私たちは今、英語を勉強していません。）

　（7）She is not running with her dog now. 　　　　（彼女は今、彼女の犬と走っていません。）

　（8）Mike was not having lunch then. 　　　　（マイクはそのとき、昼食をとっていませんでした。）

2 （1）She is reading a book now.

　（2）He is not playing the guitar now.

　（3）Are you making a cake now？

　（4）They were playing baseball then.

　（5）I wasn't waiting for Mr. Tanaka.

　（6）What were you doing then？

P13

1 （1）Write 　（2）Look 　（3）Be 　（4）Please 　（5）Don't 　（6）Let's

2 （1）Open the window.

　（2）Be quiet in the library.

　（3）Please help me.

（4）Don't play soccer here.

（5）Don't go out at night.

（6）Let's listen to music.

（7）Let's study English every day.

P15

1（1）I can speak English. / 私は英語を話すことができます。

（2）She will come to this shop. / 彼女はこのお店に来るでしょう。

（3）I will be busy. / 私は忙しくなるでしょう。

（4）We must do our homework today. / 私たちは今日宿題をしなければなりません。

（5）He has to go to school. / 彼は学校へ行かなければなりません。

（6）I am going to visit Hokkaido. / 私は北海道を訪ねる予定です。

2（1）May I close the window ?

（2）You must not run in this room.

（3）Could you tell me how to get to the zoo ?

（4）Shall I open the door ?

（5）You don't have to speak English.

P17

1（1）If　（2）because　（3）When　（4）so　（5）and　（6）but　（7）or　（8）that

（9）and

2（1）I'll help you when you are busy.(When you are busy , I'll help you.)

（2）Study hard if you want to be a scientist. (If you want to be a scientist, study hard.)

P19

1（1）shorter　　　　　　　（この物語はあの物語より短いです。）

（2）larger　　　　　　　（オーストラリアは日本より大きいです。）

（3）young　　　　　　　（私はトムと同じくらい若いです。）

（4）longer　　　　　　　（信濃川と木曽川はどちらが長いですか。）

（5）more interesting　　　（この本はあの本よりおもしろいです。）

（6）easiest　　　　　　　（この質問は6つの中でいちばんやさしいです。）

（7）most beautiful　　　　（この花は全ての中でいちばん美しいです。）

（8）best　　　　　　　　（彼のカメラは全ての中でいちばんよいです。）

（9）best　　　　　　　　（彼女はこのクラスでいちばんじょうずに歌います。）

（10）earlier　　　　　　　（私は私の姉（妹）より早く起きました。）

2（1）July is hotter than October.

（2）This bag is the prettiest of all.

（3）Does Alex run faster than Mike ?

（4）This song is more popular than that one.

（5）I don't play the piano as well as Emi.

P21

1（1）私はこの前の土曜日、学校へ行きました。

（2）私は月曜日から金曜日まで勉強します。

（3）私の姉（妹）はテニスをすることが好きです。

（4）本を読むことは私の趣味です。

（5）私は朝食を作るために早く起きます。

（6）彼らはテニスをするために公園へ行きました。

（7）彼は何か食べるものをほしがっています。

（8）学校で学ぶべきたくさんのことがあります。

（9）私はその本を読んでうれしかったです。

2 （1） I often go to the library.

（2） I work from morning to night.

（3） We were excited to visit the zoo.

（4） My brother wants to be a scientist.

（5） He went to Kyoto to meet his friend.

（6） He has no time to read books.

P23

1 （1） 音楽を聞くことはおもしろいです。

（2） 私は友達と話すことを楽しみました。

（3） 私はテレビゲームをすることをやめるつもりです。

（4） 私は宿題を終えました。

（5） 私たちは映画を見ています。

2 （1） Studying English is interesting.

（2） My brother's hobby is driving a car.

（3） I started learning Chinese.

（4） Stop singing in the classroom.

（5） When did Ken finish reading the book ?

（6） Do you know the girl playing the guitar ?

（7） She is talking on the phone now.

（8） We are enjoying music now.

P25

1 （1） used （この部屋はみんなによって使われます。）

（2） built （この家はあなたのお父さんによって建てられましたか。）

（3） spoken （オーストラリアでは何語が話されますか。）

（4） brought （これらの本は私の友達によって持ってこられませんでした。）

2 （1） English is studied by Ken. （英語はケンによって勉強されます。）

（2） Was her bag found by you ? （彼女のバッグはあなたによって見つけられましたか。）

（3） The story wasn't read by Tom. （その物語はトムによって読まれませんでした。）

（4） The picture was taken by her. （その写真は彼女によって撮られました。）

3 （1） The dog is loved by my family.

（2） Were these boxes made by you ?

（3） When was that school built ?

（4） This room was not cleaned yesterday.

P27

1　(1) been / 私たちは昨年からずっと友達です。

　　(2) finished / 彼女はたった今、夕食を終えたところです。

　　(3) seen / 私は一度も彼に会ったことがありません。

　　(4) read / あなたはこれまでにその本を読んだことがありますか。

　　(5) been / 7日間ずっと寒いです。

2　(1) I have just finished my homework.

　　(2) I have not eaten lunch yet.

　　(3) Have you ever been to America?　Yes, I have.

　　(4) Has he been busy since yesterday?

　　(5) How long have you known him?

　　(6) Mike has not visited Japan since 2010.

P29

1　(1) some　　　　（私は何枚かの京都の写真を持っています。）

　　(2) some　　　　（そのコップにはいくらかの水が入っています。）

　　(3) any　　　　（あなたはクラスに友達がいますか。）

　　(4) any　　　　（彼は食べ物を買いましたか。）

　　(5) any　　　　（私は兄弟がいません。）

　　(6) many　　　　（その部屋にはたくさんの少女がいましたか。）

　　(7) many　　　　（私はあまり英語の言葉を知りません。）

　　(8) much　　　　（この本はいくらですか。）

　　(9) a little　　　（私はお金を少し持っています。）

　　(10) A few　　　（その部屋には数人の人がいました。）

2　(1) There are some cups on the table.　　　（テーブルの上にいくつかのカップがあります。）

　　(2) There were a lot of pencils in the box.　（箱の中にたくさんのえんぴつがありました。）

　　(3) Is there much(a lot of) water in the cup?　（カップにはたくさんの水が入っていますか。）

　　(4) Did you have any balls?　　　　（あなたは何個かのボールを持っていましたか。）

　　(5) We went there a few weeks ago.　　（私たちは数週間前にそこへ行きました。）

P31

1　(1) in　　　　（彼はロンドンに住んでいます。）

　　(2) in　　　　（アメリカで、学校は9月に始まります。）

　　(3) on　　　　（土曜日には学校へ行きません。）

　　(4) on　　　　（机の上にカップがあります。）

　　(5) for　　　　（彼らは日本に3週間滞在します。）

　　(6) at　　　　（私は毎朝7時に起きます。）

　　(7) with　　　　（私たちは彼女とテニスをします。）

　　(8) to　　　　（あなたはよくこのお店へ来ますか。）

　　(9) at　　　　（1時に図書館で会いましょう。）

　　(10) with　　　（傘を持って行きなさい。）

2　(1) by　　　　（私の姉（妹）はバスで学校へ行きます。）

　　(2) to　　　　（彼は9時から5時まで働きます。）

(3) on　　　　　（私はテレビでテニスの試合を見ています。）
　　(4) of　　　　　（彼女は私の友達の一人です。）
　　(5) about　　　 （彼らはその本について話しました。）
　　(6) from　　　　（ジェーンはオーストラリア出身です。）
　　(7) after　　　 （放課後、野球をしましょう。）
　　(8) between　　 （彼はマイクとトムの間に立っています。）
　　(9) since　　　 （私は 2015 年以来ずっとここに住んでいます。）
　　(10) under　　　（私の猫はテーブルの下にいます。）

P33

1　(1) who　　(2) who　　(3) which　　(4) which　　(5) which
2　(1) I have a friend who lives in America.
　　(2) This is the bus that goes to the school.
　　(3) Tom has a cat which has blue eyes.
　　(4) This is a book that he wrote last year.

P35

1　(1) notebook　　（私は 1 冊のノートを持っています。）
　　(2) classes　　 （彼は日本語の授業を 3 つとっています。）
　　(3) Jane's　　　（これはジェーンのアルバムです。）
　　(4) its　　　　 （たくさんの人々がその美しい自然を楽しみます。）
　　(5) like　　　　（彼と私はあの花が好きです。）
　　(6) help　　　　（ケイコは毎日彼女のお母さんを手伝いますか。）
　　(7) stands　　　（私たちの学校は丘の上に建っています。）
　　(8) speak　　　 （ホワイト先生はじょうずに日本語を話すことができません。）
　　(9) use　　　　 （たくさんの人々がこのコンピュータを使います。）
　　(10) watches　　（彼女はよくテレビで野球の試合を見ます。）
2　(1) dogs　　　　（昨日、公園に 5 匹の犬がいました。）
　　(2) Mary's　　　（メアリーのお姉さん(妹)はどこですか。）
　　(3) She's　　　 （彼女はアメリカ出身です。）
　　(4) cooks　　　 （私の母はとてもじょうずに料理をします。）
　　(5) has　　　　 （彼は一度も北海道へ行ったことがありません。）
　　(6) children　　（あなたは何人の子どもがいますか。）
　　(7) have　　　　（マイクは日本語を話す必要はありません。）

P37

1　(1) bad　　　　 （A：私の姉(妹)は今日病気です。　B：それはいけませんね。）
　　(2) Sure　　　 （A：伝言を残してもよろしいですか。　B：もちろん。）
　　(3) don't　　　（A：明日いっしょに動物園に行きませんか。　B：それはいい考えです。）
　　(4) wrong　　　（A：どうしたのですか。　B：私は疲れています。）
2　(1) Why don't we play tennis this afternoon?
　　(2) Shall I show you a smaller one?
　　(3) How about this black T-shirt?
　　(4) Would you like something to eat?

（5）Let's look for an interesting book.

P38　確認テスト1

1 （1）is　　　　　（彼は私の兄（弟）です。）
　（2）am　　　　（私は田中さとしです。）
　（3）Are　　　　（あなたはニューヨーク出身ですか。）
　（4）was　　　　（このえんぴつは先週、200円でした。）
　（5）Were　　　（あなたは昨日、家にいましたか。）

2 （1）Are you a student?　　　　（あなたは学生ですか。）
　（2）That's not my bag.　　　　（あれは私のバッグではありません。）
　（3）I was happy yesterday.　　（私は昨日、幸せでした。）
　（4）We were in Japan.　　　　（私たちは日本にいました。）
　（5）Saki and I are not sisters.　（さきと私は姉妹ではありません。）

3 （1）Are, you
　（2）I, am
　（3）are, not

P39　確認テスト2

1 （1）lives　　　　（彼は今、アメリカに住んでいます。）
　（2）studied　　　（私たちは昨日、英語を勉強しました。）
　（3）talk　　　　（彼女はその本について話しません。）
　（4）didn't　　　（私は昨日、ピアノをひきませんでした。）
　（5）Did　　　　（あなたは先月、そのバッグを買いましたか。）

2 （1）Haruki studies math hard.　　　　（ハルキは数学を一生懸命に勉強します。）
　（2）We don't know about it.　　　　（私たちはそれについて知りません。）
　（3）Saki doesn't study Japanese.　　（さきは日本語を勉強しません。）
　（4）Did they play soccer last week?　（彼らは先週、サッカーをしましたか。）
　（5）No, she doesn't.　　　　（彼女はこのコンピュータを使いますか。いいえ、使いません。）

3 （1）sometimes, teaches　　（2）Does, live　　（3）didn't, travel

P40　確認テスト3

1 （1）Who　　　（あの少年はだれですか。彼は私の兄（弟）です。）
　（2）What　　（何時ですか。7時です。）
　（3）Where　　（私の辞書はどこですか。それはノートの下です。）
　（4）When　　（あなたはいつギターをひきますか。私は放課後にひきます。）
　（5）Which　　（あなたはテニスとサッカーのどちらが好きですか。）

2 （1）What food do you like?
　（2）How much is this book?
　（3）When is your birthday?

3 （1）How many apples do you have?　　　　（あなたはリンゴをいくつ持っていますか。）
　（2）What do you want?　　　　（あなたは何をほしいですか。）
　（3）Who is she?　　　　（彼女はだれですか。）

（4）Whose eraser is this?　　　　　　（これはだれの消しゴムですか。）

（5）When do you listen to music?　　　（あなたたちはいつ音楽を聴きますか。）

P41　確認テスト4

1 （1）theirs　　　（これらのボールは彼らのものです。）

　（2）him　　　　（私は彼と野球をします。）

　（3）running　　（私は今、公園で走っています。）

　（4）having　　　（私たちはそのとき、朝食をとっていました。）

　（5）Be　　　　（注意しなさい。）

2 （1）She, us　　（2）Was, looking　　（3）Don't, play　　（4）Please, be　　（5）Let's read

3 （1）That piano is his brother's.

　（2）She wasn't speaking English then.

　（3）Write your name here.

P42　確認テスト5

1 （1）be　　　　（私は明日、忙しくなるでしょう。）

　（2）go　　　　（彼は病院へ行かなければいけません。）

　（3）help　　　（彼女は彼女のお父さんを手伝わなければいけません。）

　（4）or　　　　（あなたは英語と日本語のどちらを話しますか。）

2 （1）Can (May), I　　（2）must, not　　（3）has, to　　（4）will, if　　（5）when, busy

3 （1）I think that the movie is interesting.

　（2）Get up now, or you will be late for school.

P43　確認テスト6

1 （1）smaller, than　　（2）oldest, in　　（3）more, difficult　　（4）better, than　　（5）fast, as

2 （1）Is Australia larger than Japan?

　（2）Is this town the most famous in America?

　（3）Her bag is the best of all.

　（4）This piano isn't as expensive as yours.

　（5）I don't speak English as well as Ken.

P44　確認テスト7

1 （1）watching　　（私は今、テレビを見ています。）

　（2）to study　　（私たちは理科を勉強したいです。）

　（3）to do　　　（マイクはしなければならないたくさんのことがあります。）

　（4）reading　　（私はその本を読むことを楽しみました。）

　（5）eating　　　（彼女は朝食を食べ終えました。）

2 （1）from, to　　（2）to, buy　　（3）Stop, talking　　（4）Speaking, English

3 （1）I didn't have time to eat lunch.

　（2）To study math is difficult.

　（3）When did you finish writing the story?

P45　確認テスト 8

1 （1） used　　　（英語はアメリカで使われます。）
　（2） studied　（日本語はあなたの学校で勉強されていますか。）
　（3） lived　　（私は1カ月間日本に住んでいます。）
　（4） been　　（先週からずっと曇っています。）

2 （1） are, written　（2） is, visited　（3） used, for　（4） practiced, since

3 （1） Is this story loved by a lot of people ?
　（2） Have you looked at the picture yet ?
　（3） They have never heard of it.

P46　確認テスト 9

1 （1） some　　（私たちはカードを何枚か持っています。）
　（2） any　　（あなたは何冊かのノートを持っていますか。）
　（3） many　　（彼らはバッグをいくつ持っていますか。）
　（4） few　　（私は数日前に彼に会いました。）

2 （1） by　　　（私は自転車で学校へ行きます。）
　（2） from　　（彼女は10時から4時まで働きます。）
　（3） of　　　（彼は私の友達の一人です。）
　（4） and　　（ケンはマイクとベンの間に座っています。）

3 （1） your　　（あなたのお兄さん（弟）はどこですか。）
　（2） It's　　（それはとてもかわいいです。）
　（3） studies　（私の姉（妹）は毎日英語を勉強します。）
　（4） apples　（彼らはリンゴを何個持っていますか。）

4 （1） She is a teacher who teaches us math.
　（2） This is the bus that goes to the library.
　（3） This is the book which I bought yesterday.

アンケートにご協力をお願いします！

　みなさんが、「合格できる問題集」で勉強を頑張ってくれていることを、とてもうれしく思っています。

　よりよい問題集を作り、一人でも多くの受験生を合格へ導くために、みなさんのご意見、ご感想を聞かせてください。

　「こんなところが良かった。」「ここが使いにくかった。」「こんな問題集が欲しい。」など、どんなことでもけっこうです。

下のＱＲコードから、ぜひアンケートのご協力をお願いします。

アンケート特設サイトはコチラ！　　　　　「合格できる問題集」スタッフ一同